Leo con Peppa

Un cuento para cada letra

p, l, m, s

La playa

La familia Pig pasa el día en la playa.
Peppa y George juegan con la pelota.

LA FAMILIA PIG PASA EL DÍA EN LA PLAYA.
PEPPA Y GEORGE JUEGAN CON LA PELOTA.

Mamá Pig prefiere pasear.
Papá Pig lee el periódico.

MAMÁ PIG PREFIERE PASEAR.
PAPÁ PIG LEE EL PERIÓDICO.

George persigue a las palomas.
Se posan en la toalla y picotean pan.

GEORGE PERSIGUE A LAS PALOMAS.
SE POSAN EN LA TOALLA Y PICOTEAN PAN.

Por la tarde, Papá Pig quiere pescar.
Peppa lo acompaña. ¡Mira cuántos peces!

POR LA TARDE, PAPÁ PIG QUIERE PESCAR.
PEPPA LO ACOMPAÑA ¡MIRA CUÁNTOS PECES!

Llevan una caña de pescar. ¿Picarán?

Pero pasa el tiempo, ¡y Peppa pierde la paciencia!

LLEVAN UNA CAÑA DE PESCAR. ¿PICARÁN?
PERO PASA EL TIEMPO, ¡Y PEPPA PIERDE LA PACIENCIA!

¡Por fin picaron!

¡Papá Pig pescó un pez!

¡POR FIN PICARON!
¡PAPÁ PIG PESCÓ UN PEZ!

¿Qué hicieron
Peppa y Papá Pig
esta tarde?

La maga Peppa

A la familia Pig le gusta mucho la magia.
El miércoles, la Maga Peppa dará un espectáculo.

A LA FAMILIA PIG LE GUSTA MUCHO LA MAGIA.
EL MIÉRCOLES, LA MAGA PEPPA DARÁ UN ESPECTÁCULO.

¡Mañana es el espectáculo!
¡Están muy emocionados!

¡MAÑANA ES EL ESPECTÁCULO!
¡ESTÁN MUY EMOCIONADOS!

Muy temprano, la maga ensaya su número de magia.
Llegó el momento, ¡el espectáculo va a comenzar!

MUY TEMPRANO, LA MAGA ENSAYA SU NÚMERO DE MAGIA.
LLEGÓ EL MOMENTO, ¡EL ESPECTÁCULO VA A COMENZAR!

Para el truco de magia, Peppa saca una moneda de la manga... ¡y un plumero de su sombrero!

PARA EL TRUCO DE MAGIA, PEPPA SACA UNA MONEDA DE LA MANGA... ¡Y UN PLUMERO DE SU SOMBRERO!

Peppa la maga asombra a su familia.
Sus amigos también aplauden emocionados.

PEPPA LA MAGA ASOMBRA A SU FAMILIA.
SUS AMIGOS TAMBIÉN APLAUDEN
EMOCIONADOS.

¡Peppa es una maga maravillosa!

¡PEPPA ES UNA MAGA MARAVILLOSA!

¿Qué sacó la maga Peppa de su manga?

El día en la escuela

Los lunes, Peppa va a la escuela.

-¡Hola! -la saluda Emily Elephant.

LOS LUNES, PEPPA VA A LA ESCUELA.
-¡HOLA! -LA SALUDA EMILY ELEPHANT.

Leen un libro del universo.

Habla del Sol, la Tierra, la Luna y los planetas.

LEEN UN LIBRO DEL UNIVERSO.
HABLA DEL SOL, LA TIERRA, LA LUNA Y LOS PLANETAS.

—La Luna no es un planeta —lee Peppa.
—Gira alrededor de la Tierra —dice Emily.

-LA LUNA NO ES UN PLANETA -LEE PEPPA.
-GIRA ALREDEDOR DE LA TIERRA -DICE EMILY.

A la hora del recreo, salen al patio.
Saltan la cuerda y juegan a la pelota.

A LA HORA DEL RECREO, SALEN AL PATIO.
SALTAN LA CUERDA Y JUEGAN A LA PELOTA.

Lanzan el balón muy lejos. Van por él, pero...
¡Suena el timbre! ¡De vuelta a clase!

LANZAN EL BALÓN MUY LEJOS. VAN POR ÉL, PERO...
¡SUENA EL TIMBRE! ¡DE VUELTA A CLASE!

La clase es primero, el fútbol tendrá que esperar.

LA CLASE ES PRIMERO, EL FÚTBOL TENDRÁ QUE ESPERAR.

¿A qué juegas en el recreo?

Saltando en los charcos

Peppa sonríe siempre que sale de casa.
Le gusta saltar en los charcos con su hermano.

PEPPA SONRÍE SIEMPRE QUE SALE DE CASA.
LE GUSTA SALTAR EN LOS CHARCOS CON SU HERMANO.

Peppa y George se ponen su impermeable, sus botas y su sombrero. ¡Así no se mojan cuando saltan!

PEPPA Y GEORGE SE PONEN SU IMPERMEABLE, SUS BOTAS Y SU SOMBRERO. ¡ASÍ NO SE MOJAN CUANDO SALTAN!

Después Peppa entra en casa y va a la sala.
Se sienta en el sofá y ve la televisión.

DESPUÉS PEPPA ENTRA EN CASA Y VA A LA SALA.
SE SIENTA EN EL SOFÁ Y VE LA TELEVISIÓN.

¡Pero lo que más le gusta es cuando están todos en casa! Los papás de Peppa son muy divertidos.

¡PERO LO QUE MÁS LE GUSTA ES CUANDO ESTÁN TODOS EN CASA! LOS PAPÁS DE PEPPA SON MUY DIVERTIDOS.

¡A ellos también les gusta saltar en los charcos!

¡A ELLOS TAMBIÉN LES GUSTA SALTAR EN LOS CHARCOS!

¿Qué usa Peppa cuando no quiere ensuciarse en el lodo?

Leo con Peppa
Un cuento para cada letra
p,l,m,s

Primera edición: febrero de 2017

Este libro está basado en la serie de TV Peppa Pig
Peppa Pig is created by Neville Astley and Mark Baker
D.R. © 2015, Penguin Random House Grupo Editorial, S.A.S.
Carrera 5 A No. 34 A - 09
Bogotá, Colombia
www.megustaleer.com.co
Textos, diseño y maquetación: Adosaguas Contenidos Multiplataforma

ISBN: 978-958-8892-62-7

Impreso en Colombia - Printed in Colombia

Impreso por Disonex S.A

www.peppapig.com

OfficialPeppaPig

eOne ASTLEY · BAKER · DAVIES Altea